BIBLIOTHÈQUE COLONIALE ET MARITIME

COLONISATION

ET

SOCIÉTÉS D'ÉMIGRATION

Conférence du Congrès de l'Association française
pour l'avancement des Sciences

SESSION DU HAVRE, 1877

Par Alfred COQUELIN

Délégué de la Société de Géographie commerciale de Paris
au Congrès

Armateur au Havre, ancien Capitaine au long-cours,
membre de la Société de Géographie de France, de la
Société de Géographie commerciale, de la Société
des Etudes coloniales et maritimes, ex-membre de
la Société de Colonisation de Madagascar, etc.

PRIX : 50 CENTIMES

PARIS

CHALLAMEL aîné, libraire-éditeur, 5, rue Jacob.

BIBLIOTHÈQUE COLONIALE ET MARITIME

OUVRAGES PARUS :

La Ramie, guide pratique du cultivateur.

Considérations générales sur la Navigation transocéanienne, par M. P. VIAL, capitaine de frégate, agent principal de la Compagnie générale Transatlantique.

La Guyane française et le Brésil agricole et commercial, — le Monténégro, par l'Abbé DURAND, vice-président de la Section de Géographie, professeur des Sciences géographiques à l'Université catholique de Paris, etc.

COLONISATION

ET

SOCIÉTÉS D'ÉMIGRATION

BIBLIOTHÈQUE COLONIALE ET MARITIME

COLONISATION
ET
SOCIÉTÉS D'ÉMIGRATION

*Conférence du Congrès de l'Association française
pour l'avancement des Sciences*

SESSION DU HAVRE, 1877

Par Alfred COQUELIN

Armateur au Havre, ancien Capitaine au long-cours, membre de la Société de Géographie de France, de la Société de Géographie commerciale, de la Société des Études coloniales et maritimes, ex-membre de la Société de Colonisation de Madagascar, etc.

PARIS

CHALLAMEL aîné, libraire-éditeur, 5, rue Jacob.

COLONISATION

ET

SOCIÉTÉS D'ÉMIGRATION

Messieurs,

Les nations européennes sont aujourd'hui dans un état fiévreux.

Les progrès de la mécanique multiplient chaque jour la production industrielle, les stocks sont considérables, et à chaque instant de nouvelles industries rentrent en souffrance : le travail s'arrête et l'ouvrier reste sans ouvrage.

De toutes parts on s'adresse à la bienfaisance ; mais ce remède est insuffisant et devient un impôt nouveau. Quoiqu'elle soit volontaire le plus souvent, il n'est pas moins vrai qu'elle grève tout le monde.

Il y a un remède à cette situation, et j'ose dire le seul, Messieurs, ce remède c'est la colonisation des pays tropicaux.

Si l'on ne se pressait de reprendre activement et par des moyens sûrs et pratiques la colonisation, le progrès constant qui accumule les oisifs serait un danger pour la civilisation, car la bienfaisance, à un moment donné, ne suffirait pas à satisfaire les besoins pressants, et surtout aujourd'hui où pauvre et riche veulent un superflu qui devient de plus en plus indispensable.

C'est le moyen d'améliorer la situation que je viens vous exposer, Messieurs. Ayant été membre d'une Compagnie de colonisation, ayant beaucoup voyagé aux colonies, j'ai pu étudier et me rendre compte de l'importance de cette question, qui est la sauvegarde des nations, et que l'on ne saurait oublier plus longtemps sans arrêter l'essor national.

CHAPITRE 1er

L'Emigration et la Colonisation.

La colonisation est une loi de la nature qui force l'homme à s'établir sur les points du globe où il trouve la vie facile et abondante; elle est alimentée par l'émigration.

L'émigration s'impose plus ou moins à toutes les races humaines ; la méconnaître, c'est méconnaître l'histoire.

En remontant aux peuples les plus reculés, on n'en trouve point un seul qui n'ait émigré, et, par suite, colonisé.

Il n'y a pas de doute que l'homme ait fait son apparition sur plusieurs points du globe à la fois ou successivement.

Quel est le premier point qui vit l'homme primitif ; il est difficile de le déterminer. Des savants ont voulu le placer en Egypte, parce que la civilisation, le progrès des sciences et des arts ont paru avoir atteint un haut degré de développement plutôt là qu'ailleurs.

Il est un fait certain, c'est que l'histoire

nous manque pour remonter au delà de Moïse avec certitude, et l'homme s'arrête devant ce que l'histoire appelle le Déluge universel comme devant une barrière infranchissable, et tout, de ce moment, dans le passé n'est que fiction.

Il est impossible par les données actuelles d'en tirer des déductions saines et de poser des bases solides.

On passera souvent près de la vérité ; mais faute de vérification, il sera difficile de s'y arrêter.

Il est probable qu'avant cette époque et cet événement, que l'on peut donner comme certain, car ce ne fut autre chose qu'une grande révolution des matières constituantes de notre globe, alors que la couche superficielle de la terre à peine refroidie n'était pas assez épaisse pour empêcher les explosions que devait naturellement produire la combustion intérieure, l'humanité avait atteint un certain degré de perfectionnement et que déjà les peuples émigraient vers tous les points du globe, abandonnant par groupes leur berceau, après avoir usé tous les produits à la portée de leur moyen de production, ne laissant derrière eux que les plus disgraciés des tribus qui ne pouvaient supporter le voyage, ou dont les besoins fort restreints n'imposaient pas le devoir d'aller chercher mieux ailleurs.

Nous pouvons donc certifier qu'à toute époque les peuples émigraient pour porter leur colonisation vers des points où le sol leur offrait plus de bien-être et de moyens d'existence, et que cette loi de l'émigration est attachée à la nature même de l'homme.

En effet, quand une tribu a eu vécu sur un point, consommé tous les produits du sol, usé la pêche par tous les moyens en sa possession, détruit tous les animaux à la portée de ses outils et de ses armes primitives, elle a dû se trouver dans l'obligation, ou d'aller chercher ailleurs sa vie, ou de mourir de faim sur place.

Mourir de faim sur place, s'éteindre entièrement, tel a dû être le sort des premiers hommes apparus sur la terre, car leur organisme a dû être peu développé et leur intelligence médiocre. Le peu de défenses qu'ils avaient et leurs armes encore nulles ne leur permettaient pas d'affronter les dangers d'un déplacement.

Ils devaient donc vivre et mourir dans les cavernes naturelles qu'ils habitaient, devenant le plus souvent la proie des bêtes sauvages mieux partagées de la nature.

Après le déluge, au contraire, nous trouvons toutes les traces d'une grande émigration et d'une colonisation active du globe.

Si la science avait été plus facilitée, si les moyens n'étaient pas restés trop restreints, nous saurions déjà d'une façon certaine par quel peuple et quelle race tel ou tel pays a été colonisé ; on saurait quel était le degré de civilisation exacte que possédait chaque race. Car nul doute que les peuples primitifs, sans avoir notre degré de développement dans l'avancement des sciences et des arts, aient eu les arts et les sciences à un degré plus avancé que les nouveaux peuples.

Certainement, les mêmes inventions et découvertes ont dû avoir lieu périodiquement et se perdre dans les révolutions terrestres, plus fréquentes alors que de nos jours, où notre planète a atteint un grand degré de refroidissement.

Que ne s'est-il pas passé depuis l'époque où le soleil, par l'inclinaison de la terre, se trouvait tantôt perpendiculaire au pôle Nord, tantôt au pôle Sud. Si la marche de l'écliptique vers l'Equateur a toujours été régulière à raison de 30 secondes par siècle, aujourd'hui qu'elle est à 23 degrés 30 minutes de l'Equateur, c'est donc une existence de 7980 années, si cette marche a été uniforme.

Eh bien ! si l'on compare le progrès effectué depuis deux mille ans, les choses perdues et retrouvées, on peut conclure que l'homme a dû atteindre un degré avancé dans la civilisation, qu'il a perdu après une ou plusieurs révolutions terrestres et morales.

En effet, la présence des Aztecs au Mexique, en même temps qu'en Egypte, qui semble être leur patrie, les découvertes récentes d'une ville au Pérou, où les sciences et les arts, paraît-il, auraient eu à cette époque un certain degré d'avancement, tandis que les Incas semblent, au contraire, avoir été, lors de la découverte, un peuple sans progrès et sans civilisation avancés ; les fouilles qui, dans l'Italie, la Grèce et l'Egypte, nous démontrent chaque jour que les sciences et les arts non-seulement furent connus, mais assez avancés, tout cela ne semble-t-il pas démontrer clairement que les peuples ont dû être arrêtés dans la marche du progrès par des causes matérielles et peut-être morales, et qu'ils n'ont fait que recommencer plus tard ce qu'ils avaient déjà entrepris !

Les peuples n'ont pas tous eu les mêmes besoins quand les climats ont commencé à devenir uniformes. Ceux du Nord, près d'un climat froid et ingrat, avaient douze mois pour user les produits du sol, lequel ne produisait que 3 ou 6 mois, tandis que ceux de l'Équateur avaient pendant toute l'année la vie à profusion ; ils étaient obligés de travailler et de s'ingénier pour se procurer de quoi subvenir aux besoins de la vie que les rigueurs climatériques rendaient nombreux.

Leur pays devenait d'autant plus vite stérile, qu'ils avaient des moyens restreints pour récolter les produits naturels ou pour forcer la terre à produire.

Quand un pays devenait difficile, les tribus se rassemblaient en masses et s'élevaient dans l'Est ou se dirigeaient vers le Sud, suivant les indications qu'elles avaient eues des chasseurs aventurés au loin.

De là l'origine de ces grandes migrations des peuples et de la guerre, car ceux qui habitaient déjà se défendaient contre l'envahissement des nouveaux venus qui, repoussés, revenaient périodiquement à la charge, comme les Huns et les Germains en Gaule.

A cette époque reculée, les hommes ne sont

plus à comparer avec nous, car quelle différence entre les Scandinaves du Nord, qui ont colonisé la Normandie après avoir peuplé l'Écosse, l'Irlande, l'Angleterre et les Normands de nos jours, les uns bravant la mer sur de frêles esquifs et les autres naviguant sur de beaux steamers !

Quelle différence entre les compagnons de Christophe Colomb bravant le connu et l'inconnu, sacrifiant à l'avance la vie et le bienêtre pour courir sus à la mort et aux privations, et nos contemporains qui s'effrayent à l'idée de s'embarquer sur un navire bien emménagé pour aller coloniser un pays déjà connu, s'arrêtant devant le bien-être qu'ils doivent abandonner !

Comment se fait-il que l'on éprouve moins aujourd'hui en France, que dans les siècles passés, ce désir instant qui pousse à émigrer, et si on le ressent, pourquoi ne le met-on pas à exécution ? C'est parce que l'homme vivant en grande société est plus isolé que vivant en tribu ; il n'obéit plus à la direction de ces conseils intimes, où les chefs de famille et les maîtres de corporation venaient puiser des idées, où ils avaient le droit et le devoir d'émettre une opinion devant leurs égaux et où des assemblées, après avoir arrêté un avis, nommaient un chef et partaient à l'aventure le sac sur le dos.

Tant que les nations furent limitées dans leurs moyens industriels et agricoles, beaucoup de produits naturels restaient perdus, soit que la science n'ait point eu le développement nécessaire pour les divulguer, soit que le travail manuel trop coûteux et trop difficile ait rendu l'extraction impossible.

D'autre part, les moyens de transport ne permettant pas un échange constant et profitable à tous les points du territoire national, chaque province se trouvait renfermée dans elle-même, et selon sa richesse agricole, elle tendait à se peupler ou rejetait le superflu de sa population vers d'autres régions.

Les longueurs qu'éprouvait la correspondance et les difficultés de communication rapide avec la capitale faisaient de chaque province un petit gouvernement, sinon indépendant, du moins jouissant d'une autonomie qui permettait à chacune d'elle de se considérer dégagée de la confédération. Aussi est-ce cette autonomie trop large qui a favorisé les esprits de partis qui ont longtemps tenu l'autorité centrale de nos rois en suspens et permis à chaque gouverneur ou seigneur de tenir l'esprit de révolte en permanence dans sa contrée, ce qui n'a pas peu arrêté la marche du progrès.

Si le pouvoir central était contesté et souvent balancé, était-il du moins dégagé du devoir pressant et obligé de travailler à l'amélioration constante de la vie civile. Tel n'est pas le cas présent où le gouvernement n'a plus de but personnel, mais un but général et uniforme pour tous les points du territoire.

Aujourd'hui, la centralisation s'est substituée à l'initiative des groupes ; aussi les gouvernements se trouvent-ils dans l'obligation de tout faire et de tout prévoir pour leurs nationaux.

Si la direction du milieu social a changé de mains, les lois naturelles sont restées les mêmes. Le peuple ne pouvant plus rien par lui-même, le gouvernement doit agir et suivre l'opinion publique avec sollicitude pour lui donner les satisfactions qu'elle réclame. En dépit de ce qui a été dit et fait depuis longtemps pour nos colonies, l'administration gouvernementale semble s'en désintéresser.

Depuis que la France est livrée à la discussion, aucun des nombreux partis qui se disputent l'honneur de nous gouverner, n'a songé à s'appuyer fermement sur les esprits vraiment patriotes pour obtenir un concours désintéressé et fructueux, et cependant, rien n'est plus facile que d'attirer l'opinion vers soi et l'estime du pays.

Pour cela, il suffit qu'un parti prenne à cœur de faire droit à l'opinion générale qui réclame la prise en considération des besoins du pays.

Ces besoins sont : 1° le relèvement de la marine marchande et cela à tout prix ; 2° le soutien et l'encouragement de la colonisation qui peut donner une nourriture de fret à notre marine marchande et un écoulement aux produits manufacturés ; 3° l'amélioration du corps des capitaines au long-cours et la reprise de la construction dans nos ports ; 4° une grande circonspection dans la signature des traités de commerce ; s'assurer si réellement on nous donne la réciprocité, ce dont tout le monde doute, alors retour à la protection tempérée ; 5° De toute façon s'occuper de notre expansion extérieure, soit en colonisant nos pays tropicaux actuels, soit en cherchant à relier l'Algérie à l'Afrique équatoriale.

La colonisation n'a jamais offert plus de ressource que de nos jours, car le progrès et la civilisation nous mettent en mains des moyens puissants pour arracher au sol tout ce qui peut concourir à notre bien-être ; nous pouvons donner facilement satisfaction à tous nos désirs ; nous avons tous les moyens de combattre la sauvagerie, l'intempérie des climats et les rébellions de la nature.

Qu'est-ce donc qui arrête la colonisation, qui l'empêche de suivre son essor ? Comment se fait-il que, sans ressources et avec des moyens restreints, nos pères aient entrepris et fait plus que nous n'avons fait, et que nous semblons vouloir tenter ? Y a-t-il là des symptômes de décadence pour certains peuples ; est-ce un signe de disparition qui les menace ?

Quand un individu ne quitte plus sa demeure, ne soupçonne-t-on pas qu'il est malade ?

Il en est des nations comme des individus ; à partir du jour où elles renoncent à se manifester à l'extérieur, on peut dire qu'elles sont profondément atteintes dans leur vitalité.

La France, Messieurs, la France elle-même ne vous paraît-elle pas arrêtée dans son œuvre de civilisation ? Cette France qui naguère encore pesait d'un si grand poids dans l'équilibre européen et maintenait si haut son pavillon à la face des nations, n'est-elle pas aujourd'hui repliée sur elle-même dans l'attitude de l'impuissance, sinon du découragement ? Qu'est devenue sa puissante expansion des siècles passés ?

Après avoir fondé les colonies du Canada, de la Louisiane, de la Floride, de l'Inde, après avoir brillé au premier rang, ne se voit-elle pas reléguée au cinquième ou sixième ?

Ce spectacle est pénible sans doute, mais nous devons le contempler dans sa réalité, si triste qu'elle soit.

Quand on connaît sa faiblesse, on est bien près de réagir et de recouvrer ses forces ; en tous cas, on n'hésite pas à recourir aux remèdes, aussi ne doit-on pas craindre de se l'avouer.

La colonisation nous échappe en faveur de l'Angleterre, le commerce, en faveur de tous.

Notre désastre de 1870 a prouvé que nous étions fort arriérés.

L'émigration des peuples a été ralentie d'ailleurs par un effet de nos progrès matériels. Les inventions nouvelles permettant de faire produire davantage à la terre et multipliant les ressources industrielles, il n'y avait pas de raisons pressantes pour émigrer. Cependant, ce même progrès, en augmentant le bien-être des peuples civilisés, leur a créé et leur crée chaque jour de nouveaux besoins qu'il faut satisfaire ; l'homme consomme plus aujourd'hui qu'il ne l'a jamais fait, de sorte qu'après avoir épuisé ses produits, il est obligé d'aller demander aux autres leur superflu. De là, un commerce concurrentiel qui mène à la spéculation, renchérit les produits et gêne la consommation. C'est à tort que l'on dit que le peuple est plus riche aujourd'hui qu'il y a plusieurs siècles, erreur. Le peuple est pauvre ; il est pauvre parce que les objets de première consommation sont chers : le pain, la viande, la nourriture la plus commune, les fruits et les légumes sont hors de prix, tout comme si le sol qui les produisait avait été frappé d'une stérilité relative.

Cependant, les pays à peupler ne manquent pas, et ces pays sont pour la plupart les plus riches qui existent ; ceux-là sont placés sous un climat chaud, la nature y est d'une fécondité exubérante, et pendant que l'existence est si précaire en Europe pour la masse dés travailleurs, les éléments de l'existence se gaspillent ailleurs.

Arrêtés partout par les mers qui servent de limites aux nations européennes, les deshérités ne peuvent gagner les pays neufs qu'à grands frais; car il ne faut pas s'y tromper, presque tous ceux qui pourraient coloniser sont pauvres. Comment feraient-ils pour aller dans des régions qu'ils ne connaissent pas, sans avoir aucune notion sur la vie qu'on y mène, sans argent pour le voyage et avec la perspective de ne pas trouver au loin les chances d'un retour facile. Ils sont arrêtés par la crainte de l'inconnu avec juste raison. Aussi préféreront-ils végéter dans leur pays natal, aux dépens de l'assistance publique ou privée, tantôt implorant la tête basse, tantôt le front levé et la bouche pleine de menaces. — Mieux vaut, disent-ils, vivre des miettes d'un luxe auquel nous contribuons que de nous exposer à mourir de faim dans un pays neuf. La classe qui fournirait le plus d'ouvriers à la colonisation est la classe besoigneuse ; mais si elle n'est pas aidée, comment colonisera-t-elle ?

Les colons ne manquent pas, mais c'est le moyen de traverser l'eau, c'est l'argent nécessaire au premier établissement qui manque.

Qu'il se forme des Sociétés de colonisation, que l'on mette à la tête des hommes pratiques, et une fois en possession du capital, les colons abonderont.

On dit à tort que l'Angleterre est plus colonisatrice que les autres nations ; c'est là une grave erreur, Messieurs. Les Anglais sont enfermés dans une île ingrate, les trois quarts ne peuvent vivre que des produits du dehors ; s'ils attendaient tout de chez eux, ils ne tarderaient pas à devenir anthropophages, et s'ils devaient compter sur les autres, ils risqueraient de mourir de faim. Dans cette alternative, que leur reste-t-il ? à travailler ; de là les progrès constants réalisés chez eux. Dans ces conditions, ils s'ingénient maritimement et deviennent vite commerçants.

Ils forment rapidement des colonies peuplées, parce que leur pays étant peu attrayant comme climat, ils restent où ils se trouvent bien.

Les Allemands en sont là, mais comme ils n'avaient pas de navire, ils n'ont pu à temps se créer des colonies.

Aujourd'hui la place étant prise sur tous les points les plus fertiles du globe, ils se trouvent deshérités, et ne peuvent rien con—

quérir que par achat ou par guerre ; dans les deux cas, il faut de l'argent, aussi deviennent-ils vite négociants.

L'Union fait la force. — Jamais cette devise n'a mieux été appliquée qu'en matière d'émigration et de colonisation. Tant que les hommes ont eu une tendance à coloniser et ont pu partir en masse, leurs entreprises extérieures ont été rapides et fructueuses.

On s'étonne peut-être que les grands établissements coloniaux aient été créés à une époque où les navires de commerce étaient petits, peu nombreux, où les communications étaient lentes et difficiles, où le colon ne pouvait compter que sur des bras armés de quelques outils rudimentaires, mais il y avait dans ces conditions précaires une garantie de succès ; car on sentait la nécessité de partir par troupes, de maintenir l'entente et la discipline sur la terre étrangère, de concourir activement au succès de l'œuvre commune ; mais du jour où le progrès dans les moyens de transport, où la rapidité des voyages ont créé des communications faciles avec les pays lointains, chacun a cru pouvoir se diriger isolément vers le point qui lui plaisait.

Les hommes n'ont plus cherché à former

des groupes, à subordonner leurs goûts et leurs désirs personnels à ceux de la majorité. Mais cette indépendance égoïste devait trouver son châtiment, et tous ceux qui dans leur orgueil se sont imaginé qu'ils mèneraient d'eux-mêmes à bonne fin une entreprise de colonisation se sont bien vite aperçu qu'ils devaient échouer, malgré toute leur énergie, devant l'impuissance de leur isolement.

Nous ne devons pas oublier, Messieurs, que la nature nous a fait la plus faible de ses créatures et que cette faiblesse nous impose la discipline sociale. Si nous sommes arrivés avec le progrès à nous procurer des armes terribles, des machines de toutes sortes qui nous permettent avec moins de bras d'obtenir des résultats plus efficaces, il faut bien reconnaître aussi que ces armes et ces machines ne sont pas à la portée des pauvres, en sorte que s'il faut moins d'ouvriers, il faut plus de capitaux.

Entreprendre quelque chose seul et avec un faible capital, c'est considérablement réduire ses chances de succès, car au début de toute entreprise, il y a un sacrifice d'argent à faire ; cet argent n'est pas perdu, à la condition toutefois que les ressources ne soient pas limitées, car tôt ou tard une activité persévérante aboutit.

L'Angleterre a réussi à développer ses colonies et sa marine mieux que toutes les autres nations. A part son besoin de vie extérieure et la nature ingrate de son sol, ses entreprises lointaines sont favorisées par la loi qui s'oppose au morcellement des successions et par conséquent à la vente continuelle et périodique des propriétés immobilières.

Quand un Anglais a gagné de l'argent, quand il a des épargnes acquises dans les colonies, il doit y rester pour être grand propriétaire, ou alors, s'il revient dans la métropole, il se voit forcé d'employer son argent dans le commerce. Comme les Anglais sont très pratiques et savent le danger qu'il y a à créer isolément un commerce ou une industrie, ils demandent à l'association un capital qui leur permette de parer aux premiers sacrifices.

En colonisation, les mêmes conditions se présentent ; il y a des fonds perdus pour le premier établissement ; ces fonds sont absorbés par l'exploration et le tracé de chemins ; il y a de plus sacrifice d'hommes, car ceux qui partent les premiers mènent une existence d'autant plus difficile et pénible, que le nombre d'hommes est restreint.

Pour conjurer ces premières épreuves, il importe de partir en nombre, de se fixer immédiatement après avoir transporté avec soi famille, mœurs, goûts et usages ; c'est la patrie en marche ; on n'a alors rien à regretter, plus d'ennuis, plus de découragement ; les efforts se réduisent à quelques petits sacrifices supportés en commun par tous et d'autant plus faibles que le nombre d'individus est plus considérable.

On peut donc considérer comme une des causes de l'arrêt de la colonisation la faculté avec laquelle on peut se transporter individuellement d'un pays à un autre, ce qui entrave la formation de nouveaux milieux coloniaux.

L'esprit d'association ne devait pas se borner à grouper les ressources matérielles aux entreprises extérieures, il devait aussi coordonner les enseignements, augmenter les connaissances, créer des milieux éclairés et sympathiques aux conquêtes de la civilisation sur la barbarie.

De là sont nées les Sociétés de Géographie que nous avons vues longtemps préoccupées des seules questions théoriques et qui viennent d'entrer, depuis trois ou quatre ans seulement, dans la voie des solutions pratiques.

Ce n'est pas à dire que les premières Sociétés de Géographie se soient désintéressées de toute entreprise militante ; loin de là ; leur préoccupation constante a été de solliciter chaque jour des explorations nouvelles et de les faire subventionner par le public ; mais il faut dire que ces explorations devaient nécessairement porter sur des pays entièrement inconnus et qu'on en attendait d'autres résultats que de nouvelles données scientifiques.

Cependant à la suite des travaux scientifiques des Sociétés de Géographie qui nous font connaître l'intérieur des pays susceptibles d'être colonisés, qui nous mettent à même d'apprécier toutes les parties du globe, habitées ou non, qui nous donnent connaissance des populations diverses, de leurs mœurs et de leurs usages, il restait un but pratique à poursuivre : celui de développer le commerce, la culture, l'industrie ; c'est ce qu'ont compris des hommes éminents ; pour compléter l'œuvre des associations savantes, il faut rentrer dans la voie pratique.

Les Sociétés de Géographie commerciale de

Paris et de Bordeaux sont donc sorties forcément et victorieusement de la nécessité de mettre en œuvre les travaux scientifiques et de favoriser la constitution de Sociétés et d'explorations commerciales, pénétrant au sein des pays, trafiquant et cultivant, faisant connaître aux Européens ce que l'on peut tirer des pays explorés.

C'est là une grande œuvre dont les résultats sont incalculables, car que ne doit-on pas attendre des pays qui ne sont explorés que superficiellement et dont les habitants, souvent en petit nombre, n'ont point su ou n'ont point eu intérêt à chercher à tirer parti des produits de leur sol !

Que de richesses dorment ignorées au sein des forêts de l'Afrique ou de l'Amérique ! Que de bien-être les Sociétés de Géographie commerciale sont appelées à procurer à la France si tous leurs membres, pleins d'accord, arrivent à multiplier les explorations, si à leur appel des associations puissantes assemblent ces capitaux si nécessaires aux hommes de bonne volonté, et qui feront jaillir de tous ces paradis terrestres les richesses minérales et agricoles qui dorment ou se perdent en attendant une exploitation intelligente !

Plus que jamais les Sociétés s'accréditent, plus que jamais la colonisation devient facile en suppléant par les machines aux travaux les plus pénibles. Aussi, n'est-ce plus tant aujourd'hui à l'agglomération d'hommes qu'il faut recourir, c'est à l'agglomération des capitaux : des Sociétés industrielles, commerciales et maritimes sont celles qui sont aujourd'hui appelées à prospérer ; là est le salut des peuples et l'amélioration des crises.

L'idée de fonder de grandes Sociétés sera, j'en suis sûr, combattue par quelques personnes encore imbues des questions d'intérêts personnels. Certainement je suis de l'opinion du jour : les Sociétés financières ne visent qu'à enrichir quelques personnalités au détriment de l'épargne.

Aussi n'est-ce point de Sociétés financières que je m'occupe, car j'ai assez d'expérience de toutes ces Sociétés de crédit qui se sont formées pour tel et tel but (je ne veux rien nommer, chacun en connaît au moins deux ou trois) et qui, une fois instituées, n'ont visé qu'à la spéculation, et s'il s'est trouvé un fou qui s'est laissé prendre au titre et a demandé secours à ces Sociétés, il a su bien vite à quoi s'en tenir.

Non ! ce n'est pas ce dont il s'agit, mais bien des Sociétés dont chaque membre profite au prorata de son travail et de ses actions, de vraies Sociétés coopératives.

C'est-à-dire un certain nombre d'hommes empruntant un capital qu'ils doivent rembourser au bout d'un temps limité et dont ils doivent payer les intérêts chaque semestre.

Il y a aussi une question qui se lie étroitement à celle de la colonisation et dont je ne puis me dispenser de dire quelques mots : je veux parler de la marine marchande.

La marine marchande souffre, elle souffre beaucoup ; c'est en vain que l'on cherchera des moyens détournés pour venir à son secours ; son existence est étroitement liée à la colonisation.

Pas de colonies sans marine, pas de marine sans colonies ; faites prospérer l'une, l'autre s'en ressentira. Tant que nos colonies ont prospéré, notre marine a prospéré ; elle était à voiles, ses voyages plus longs nécessitaient un nombre considérable de navires, l'application de la vapeur a apporté de grandes modifications à cette industrie commerciale. Un steamer au cabotage comme au long-cours par sa vitesse à opérer son voyage remplace trois à quatre voiliers d'un même tonnage ; il a donc fallu moins de navires pour le même résultat, mais le personnel du steamer n'augmentant pas, il en est résulté une diminution dans le nombre des équipages.

Au lieu de construire des steamers de faible tonnage, on tente toujours de les faire de plus en plus grands ; de là encore une nouvelle diminution dans les équipages qui n'augmentent pas proportionnellement à la grandeur du navire.

Chaque steamer n'a qu'un capitaine, un second, un lieutenant, perte d'emploi pour ces officiers de commerce, si intéressants par leur dévouement et l'abnégation d'eux-mêmes, voilà une des causes de la crise maritime.

Si la colonisation ne fut pas restée stationnaire, la marine marchande eût continué à augmenter et même ne fût-elle restée que stationnaire par la compensation de la vitesse de la marche dans les traversées, la marine et les marins n'auraient pas eu à se plaindre.

Mais chez nous, la colonisation est restée ce qu'elle était il y a un siècle, et l'application de la vapeur devait lui porter un coup fatal. D'un autre côté, la mécanique aidant les productions sur place, les peuples n'émigrant pas, restant chez eux du moment qu'ils pouvaient produire, le commerce d'importation et d'exportation n'a pu marcher avec une progression aussi rapide qu'elle se fut produite si, à mesure des inventions, on avait épanché le trop plein des ateliers, des champs et de la marine vers les pays neufs.

Quand un homme exerçant un métier dans une nation est obligé de changer de profession il est souvent incapable d'exercer un autre emploi ; il se trouve comme annulé et reste à la charge de la société qui est obligée de le nourrir.

Seul un pays neuf offre aux déplacés des éléments de choix pour les travaux, mais encore faut-il que cet homme soit dirigé par son gouvernement ou par une association. Seul, sans capital, que pourrait-il faire ?

Dirigé par son Gouvernement. — Je dis : dirigé par gouvernement. En effet, isolé ou en masse, aujourd'hui on ne peut quitter son pays pour courir le monde et se diriger sur un point qu'à l'abri d'un pavillon reconnu, car s'il vous arrive quelques difficultés, il vous faut une autorité pour les lever.

Le globe, maintenant, est visité sur tous les

points par des navires des Etats européens ; on ne peut plus courir l'aventure, et chaque expédition doit être protégée par le pavillon de la nation, et pour cela, l'expédition doit être reconnue.

Va-t-on dans une colonie française, si l'on ne sait où diriger ses pas pour s'établir ? Si on ne connaît pas les ressources des divers points à coloniser, comment fera-t-on ? On mangera en un instant le peu d'argent que l'on aura emporté avec soi.

Or donc, à l'homme isolé, il faut des renseignements, un guide. Aujourd'hui où l'on ne marche pas sans rencontrer à chaque pas des lois et des décrets, on sortirait à chaque instant de la légalité, par manque de connaissance. Ce guide ne peut être que le gouvernement ou une Société. Voilà pourquoi on demande un ministère des colonies qui aurait un bureau affecté aux renseignements et servant à guider les colons désirant quitter la métropole; dès lors, ils n'iraient plus à l'aventure ; sûres de trouver des ressources et pour cela se basant sur la foi des connaissances d'un pouvoir autorisé, les personnes sérieuses, qui voudraient se créer une position aux colonies, ne seraient arrêtées par aucun obstacle.

Je dis : *par une association* ; car l'association, les Sociétés de colonisation coopératives sont les seuls moyens de réussite, aujourd'hui.

Il est difficile de demander au gouvernement un appui financier, et cela ne devrait pas exister dans un pays libre.

Dès lors, le vrai moyen de procurer de l'argent aux colons qui, généralement n'en ont pas ? car c'est là ce qui le caractérise, il est pauvre : sans cela il aimerait mieux rester chez lui ; il est entendu qu'il émigre pour faire fortune.

Eh bien ! une Société peut lui procurer des fonds ; elle seule ne meurt pas ; elle existe toujours malgré la disparition successive de ses membres ; elle les remplace à mesure.

L'homme meurt, mais la Société vit, et c'est là une garantie sérieuse pour se procurer de l'argent. Aussi les Sociétés de colonisation doivent-elles être agricoles, industrielles, commerciales et maritimes.

Ce désidératum est loin d'être satisfait ; il n'y a chez nous ni administration ni Sociétés pour diriger les hommes vers la colonisation.

Il s'est formé une nouvelle Société d'hommes pratiques sous le titre de : *Société des Etudes coloniales et maritimes.* Cette Société, qui renferme des membres de bonne volonté, s'est donné un but spécial : étudier les questions coloniales et maritimes, tâcher de relever la colonisation et la marine. On n'a qu'à louer la Société de géographie commerciale qui, en prenant l'initiative, a ouvert le chemin à la Société des Etudes coloniales et maritimes ; mais cela ne suffit pas.

Il faut aujourd'hui un concours puissant du gouvernement, concours tout à fait moral si l'on veut ; il suffira que l'on sache que le gouvernement s'intéresse à la question de colonisation pour attirer tous les efforts vers ce but.

Que le gouvernement reconnaisse le besoin d'expansion de la métropole, qu'il le demande par des actes et l'essor sera donné.

La colonisation est certainement une source de richesses pour les nations, aujourd'hui que les communications lient si étroitement les colonies avec leur métropole.

Les sacrifices faits pour elles ne sont jamais à proprement parler de vrais sacrifices, c'est une avance de fonds, avance qui quintuplera le capital mis dehors ; c'est un prêt à gros intérêts.

En effet, que le gouvernement favorise moralement en encourageant de toutes façons les Sociétés de colonisation, du moment que les Sociétés auront leurs marines, qu'elles feront du commerce, qu'elles auront des propriétés agricoles et industrielles, elles formeront des marins par leurs marines, elles augmenteront la population des colonies où elles se formeront ; par suite, la consommation s'accroîtra et la colonie, percevant des octrois et des droits de douane, pourra à un certain moment dégrever le budget colonial.

Pour arriver vite à un résultat, il importe au gouvernement de savoir que chaque fois qu'il voudra coloniser rapidement un pays, il faudra créer des ports libres dans cette colonie et cela en dépit et contre tout, car si la colonie ou l'administration, mettez même le commerce de certains points, souffre de la franchise de nouveaux ports, ce n'est jamais qu'une souffrance momentanée ; la colonie entière ne tarde pas à progresser et, le jour où on lève la franchise, on est étonné des revenus que l'on en retire.

Une colonie doit jouir d'autant plus de franchises qu'elle semble offrir des difficultés à la colonisation.

Une Société de colonisation se monte pour la Guyane française. Eh bien ! si le gouvernement ne veut point aider en aucune façon la colonisation, soit par subventions, intérêts ou autres, etc., il n'y a qu'à déclarer les barrières de douane abolies pour dix ans, en ne laissant subsister, comme de juste, que l'octroi des villes et l'on verra bien vite le pays prendre de la splendeur.

Pour s'occuper de colonisation, il faut des hommes pratiques et d'expérience en matières commerciales ; c'est une question assez vaste pour n'être point adjointe à d'autres.

La débarrasser de toute entrave, l'isoler, c'est être dans la vraie solution ; aussi est-ce avec le plus grand plaisir et la plus grande joie que les colons actuels et les hommes qui s'intéressent aux colonies accueilleraient l'établissement définitif d'un ministère spécial des colonies.

La question de colonisation peut paraître de second ordre à première vue ; mais il suffit de s'y arrêter pour se rendre compte que tout s'y rattache, et que l'on soit isolé comme l'Angleterre ou que l'on fasse partie du continent, c'est une question capitale dont la solution assure la prospérité d'une nation en fournissant du travail et en garantissant l'existence des ouvriers.

Si l'on dit : « Sans colonies pas de marine, » on doit dire aussi : « Pas de nation sans marine. » Les colonies sont autant de fournisseurs pour la métropole. Quant aux produits que l'on en retire, c'est aussi un écoulement sûr, soit en paix, soit en guerre, pour les produits manufacturés de la mère patrie.

Créer des colonies et soutenir une marine, c'est vivre par soi-même et s'assurer l'avenir ; dans le cas contraire, on s'expose à devenir le tributaire de ses voisins et on court le risque des plus cruelles privations au moindre conflit.

Un peuple doit donc tenter, par tous les moyens, d'augmenter ses colonies, de les peupler et de leur donner le moyen de vivre, de les guider dans leurs industries, dans leur culture, et de développer leur commerce. Pour cela, il ne faut pas les quitter des yeux ; il faut des hommes qui s'en occupent exclusivement ; il faut que les colonies soient une France d'outre-mer, devant leur vie à la France continentale. Une nation civilisée doit être une grande famille dont le gouvernement est le père et où la classe dirigeante ou plutôt les citoyens qui sont arrivés à la fortune, sont les frères aînés ; le peuple ouvrier et besoigneux compose les enfants cadets ; père et frères doivent s'occuper avec sollicitude de leur situation. Les premiers nés ont un droit, celui de la possession ; ce droit devient légitime, quand les possesseurs ont fait tout leur possible pour aider leurs cadets.

D'autre part, ces cadets doivent comprendre et respecter les droits acquis, et suivre l'impulsion qui leur est donnée.

Vouloir quand même végéter sur place et vivre de bienfaisance, c'est faire abnégation de sa dignité et renier les lois de la nature.

Aujourd'hui que les pays neufs sont étudiés et connus, que nos colonies ont toutes déjà une administration faite, il ne manque plus qu'un pouvoir central, un ministère des colonies, et la formation de Sociétés de colonisation.

L'Etat donne bien des subventions aux chemins de fer et à certaines industries, soit directement, soit d'une façon détournée ; pourquoi n'instituerait-on pas un budget de colonisation qui pourrait n'être que fictif, car l'Etat n'aurait qu'à garantir un minimum de 5 0/0 d'intérêt aux Sociétés de colonisations industrielles, commerciales et maritimes, qui s'établiraient avec les garanties d'un capital constitué ? On trouverait immédiatement des fonds et l'argent ferait venir les colons ; avant dix ans, nous aurions des colonies florissantes ou du moins dans la voie du progrès.

Environ trente mille français quittent leur patrie, chaque année, pour aller à l'aventure courrir les colonies étrangères ; il faudrait à tout prix diriger cette force vive vers nos propres colonies. Si un ministère spécial avait un budget qui lui permît de donner le passage gratis ou du moins d'atténuer les frais de tout individu ayant une famille, pouvant justifier de bonnes aptitudes et du désir de coloniser, nos colonies se peupleraient rapidement.

Les Sociétés, d'autre part, entreprendraient les grands travaux routiers et d'irrigations, travaux que le gouvernement ou de grands propriétaires peuvent seuls exécuter et qui certainement, quands ils ne sont pas faits, sont de grands obstacles à la colonisation d'un pays neuf.

Il y a trois travaux essentiels à faire dans un pays neuf: faire traverser le pays par des routes principales pouvant mettre tout le pays en communication facile avec le point d'atterrissage ; créer des artères d'écoulement pour assainir les environs des lieux où l'on s'établit; enfin, faire venir au centre de chaque colonie de l'eau potable, car souvent la mauvaise eau est une cause d'infection et bien des maladies tirent leur origine de là, surtout dans les pays neufs.

Comme exemple, nous citerons la ville de Fort-de-France (Martinique), dont la statistique des maladies a été toujours plus grande tout le temps que l'on a bu l'eau de la rivière qui traverse la ville, que du jour où M. l'amiral de Gueydon a fait venir l'eau des pitons du Carbet; l'observation a été sensible.

D'autre part, les capitaux permettraient aux Sociétés d'établir, pour subvenir aux besoins des colons, de grands entrepôts que leurs marines mettraient en relations constantes d'échanges de marchandises avec la métropole.

Les Sociétés ayant leurs navires feraient leurs transports elles-mêmes ; il en résulterait une reprise de la marine nationale. A mon appréciation, il serait plus pratique de subventionner, de primer ou d'aider d'une façon quelconque les Sociétés de colonisation, que de chercher des combinaisons à perte de vue pour secourir la marine marchande.

Si l'on prime la marine marchande, ce sera un faible remède, nécessaire il est vrai ; mais si l'on primait les Sociétés de colonisation, soit par garantie d'intérêts, soit par subvention ou concessions gratuites dispensées de toutes charges, et si l'on exigeait que ces Sociétés soient agricoles, commerciales et maritimes, on aurait facilité la reprise de la marine en lui créant du fret et je crois que l'on atteindrait en partie ces buts : 1º soutenir la marine en lui créant du fret ; 2º aider à la conservation des marins des classes. La concurence des navires étrangers serait plus difficile vis-à-vis des Sociétés qu'à l'égard de simples particuliers, auxquels il manque souvent les fonds pour faire valoir leurs navires.

De même que le colon isolé ne peut coloniser, de même le navire isolé ne peut vivre si l'armateur n'a pas les moyens de faire des opérations commerciales pour son compte. Toutes les nations maritimes procèdent par Sociétés maritimes, et c'est là ce qui fait la force de l'Angleterre, nous le répétons. Aujourd'hui que le télégraphe joue un si grand rôle dans le commerce, celui-ci devient fort chanceux par la spéculation qui s'étend chaque jour, et l'on doit avoir assez de capitaux pour tenir tête aux pertes et pouvoir attendre pour gagner avec un faible capital ; c'est un travail constant et périodique du numéraire, et ne pas être forcé de vendre, pouvoir attendre, sont le résumé des capacités commerciales d'à présent.

La marine est dans une telle pénurie, qu'il est impossible de ramener les capitaux particuliers et isolés vers cette industrie, sans un appui ou un encouragement du gouvernement.

Je voudrais bien pouvoir tout faire sans le gouvernement ; mais, en ce cas, c'est difficile ; l'épargne ne suivra que l'impulsion qu'il lui donnera. On a confiance en lui et son conseil serait suivi, dans ce cas, car on y verrait une volonté déterminée de reprendre la colonisation et de relever la marine.

Il ne reste donc pour nos colonies et notre marine que deux souhaits à formuler : le premier, qu'il soit créé un ministère spécial des colonies garantissant moralement les capitaux de colonisation, et le deuxième qu'il soit formé des Sociétés patronnées ou non par l'Etat.

Hors de là, point de salut.

Le sujet que je viens d'esquisser, Messieurs, est vaste et fertile ; ce n'est point en deux mots que l'on peut résoudre une question aussi importante ; c'est affaire de temps pour la nation et affaire de législation pour l'Etat.

Je serai heureux si je puis attirer l'attention de nos députés, de nos sénateurs et de tous ceux qui sont assez éminents dans l'Etat pour donner satisfaction aux besoins du peuple.

Je termine, Messieurs, en émettant le vœu de voir avant peu la France rentrer dans une ère nouvelle de colonisation où tout le monde trouvera satisfaction, riches, pauvres, industriels et négociants, même, Messieurs, les libres-échangistes qui ne se doutent peut-être pas que plus un peuple a de colonies, plus il est libre-échangiste ; car plus il a de nationaux à l'extérieur, plus on lui demande de produits métropolitains ; alors il peut écouler les siens et acheter à son goût ceux du voisin.

Si, au contraire, il est renfermé dans ses propres limites, il a de la peine à consommer ses produits et, à plus forte raison, ne peut-il point aller en chercher ailleurs sans user ses capitaux.

DISCUSSIONS

A la suite de cette communication, plusieurs membres présentent des observations qui soulèvent, au sein de la section, une vive et intéressante discussion.

M. Roerhig, de Bordeaux, demande quelques explications sur le mode de formation de ces Sociétés et présente quelques observations tendant à approuver l'idée de coloniser par des Compagnies.

M. Pomel, sénateur d'Oran, combat la formation de Sociétés de colonisation ; il dit que ces Sociétés deviennent toujours des Sociétés financières.

M. Biard, lieutenant de vaisseau, discute la formation d'un ministère des colonies ; il dit qu'une direction générale des colonies sera suffisante et produira tous les fruits que l'on en désire, sans pour cela rien détacher du ministère de la marine.

Un autre membre demande l'envoi des colonies et de la marine marchande au ministère de l'agriculture et du commerce, comme faisant plus partie de ce ministère que de tout autre.

M. Levasseur, membre de l'Institut, combat plusieurs passages.

Le premier dit : « Pas de nations sans marine, » et M. Levasseur cite la Suisse qui n'en a pas.

Le second dit : « Pas de marine sans colonies, » et M. Levasseur cite l'Allemagne qui a une marine sans colonies.

Enfin l'honorable président présente quelques observations sur les appréciations portées sur l'Angleterre et son importance métropolitaine.

Il est difficile de bien diriger une discussion lorsque les points qui ont suscité des observations ont besoin d'être developpés.

C'est ce que je vais faire pour donner satisfaction à tous. Je vais consacrer un chapitre à chacun des points qui ont pu attirer l'attention des honorables membres de la section, car je lis dans le *Bien public* que mon ouvrage prêtait le flanc à la critique par des affirmations trop absolues. Je compte rester entièrement dans ces affirmations, que je crois vraies, parce qu'elles sont le résultat d'études consciencieuses et pratiques.

On doit la vérité quelle qu'elle soit, dut-elle paraître fort dure et attirer même la colère de ceux qu'elle gène.

Si personne n'osait dire la vérité par crainte

de déplaire à son prochain, on mènerait bien vite les nations à la décadence. Peu m'importe le jugement d'autrui, quand je crois être dans le vrai ; je dois oser tout dire.

CHAPITRE II

Sociétés de Colonisation ; leur utilité pour le développement colonial.

L'honorable sénateur d'Oran, M. Pomel, en combattant la formation de Sociétés financières, qui sont créées le plus souvent dans le but de spéculer sur l'épargne, est dans le vrai, et nous marchons complètement d'accord sur ce terrain ; car, qu'avons-nous de plus malheureux en France que cette fureur de la spéculation ? On voit des hommes comme pris de vertige à l'idée des gains qu'on leur fait entrevoir, jeter toute leur fortune dans les actions ottomanes, turques, haïtiennes, etc. Les Sociétés, même créées le plus souvent dans un but national, laissent de côté l'objet de leur formation, pour se livrer à la spéculation.

Oui, c'est malheureux et triste de voir l'épargne du pays s'en aller à l'étranger et ne laisser en France que la misère à ceux qui ont été assez naïfs pour croire aux bénéfices promis.

Je blâme fortement toutes les Sociétés qui se lancent dans une spéculation ruineuse, attendu que, si elles savaient employer et diriger les épargnes nationales vers les entreprises patriotiques, elles enrichiraient leurs actionnaires, et s'il y avait quelques mécomptes non prévus, du moins nos capitaux resteraient acquis à la nation puisqu'ils ne sortiraient pas des mains françaises, et les travaux accomplis par eux dans le pays subsisteraient toujours.

M. Pomel a cité des opérations coloniales qui n'ont rien donné à leur Société. Je crois que ces Sociétés ont peut-être voulu travailler dans les colonies comme en France. Il n'y a pas, ou du moins il n'y a que fort peu d'entreprises incapables de réussir aux colonies, si l'on met à leur tête des hommes capables et pratiques qui sachent, eux, choisir les hommes propres à les seconder.

On ne réussit pas toujours parce que l'on a de l'argent. On peut citer telle entreprise qui a manqué avec un homme fort riche et qui a réussi avec un autre, ne possédant qu'un capital relativement faible.

Mais il n'est pas dit que, parce que des Sociétés n'ont pas réussi, ou ont eu une mauvaise direction en Algérie, elles ne réussiront pas ailleurs.

Nos aïeux ont colonisé de deux façons : isolément et par Sociétés.

Tout ce qu'ils ont fait isolément a été fait dans des temps meilleurs, à une époque où l'on avait le choix de l'établissement, où l'on était plus libre qu'aujourd'hui de s'intaller à son gré, où l'Etat même donnait aux particuliers toute sorte d'appui.

Les lois, quand il y en avait dans les colonies, étaient peu au point sévères. Les colons faisaient les lois eux-mêmes et les appliquaient à leur gré puisqu'ils formaient une petite partie de la population, le reste étant esclave.

Si un colon seul avait de faibles moyens pour travailler, du moins pouvait-t-il chercher et trouver une colonie où il était exempt de tous droits sur ce qu'il avait à consommer, et libre de tout impôt personnel, direct ou indirect, sur l'exportation et l'importation.

Avec le temps, la situation a bien changé ; cependant, dans ces temps de facilités, même les plus grandes colonisations ont eu lieu au moyen de Compagnies, car les Compagnies seules ont donné à nos colonies des hommes de travail. Les colons isolés n'étaient le plus souvent que des frères de la côte, aventuriers de toute sortes, sans famille, allant d'un point à un autre sans esprit sédentaire.

En effet, le bon sens parle. Un homme qui abandonne la métropole peut-il aller courir l'aventure, laissant femme et enfants derrière lui, encore moins peut-il transporter à grands frais son monde, sans être sûr d'un avenir ? Une Compagnie seule peut lui offrir des garanties de vie, car ne restât-il que deux ou trois ans dans la Société, il aura le temps d'étudier le terrain sans frais avant de se lancer dans des entreprises, à ses propres dépens.

Nier la nécessité du groupement, c'est ne pas connaître la colonisation ou travailler contre elle ; de plus, il est indispensable, pour bien coloniser, d'être sûr du peuplement, d'avoir recours particulièrement ou pour la majorité à des familles, et une Compagnie offrant une surface garante peut seule les entraîner.

L'Angleterre et la Hollande ont eu aussi recours à la formation de Sociétés ; elles seules ont aidé au peuplement des pays neufs, à l'introduction des colons. Car elles seules offraient aux expatriés une garantie de vie immédiate et la formation rapide d'un centre civilisé, ville ou village, où venaient se grouper tous ceux qui, après s'être convaincus de la stérilité des efforts exclusivement individuels, recherchaient enfin la Société qui faisait la force et attirait le commerce.

Seules les colonies à mines d'or ont offert un travail lucratif au début à des colons isolés et encore ont-elles fini par donner naissance à des Compagnies pour avoir un capital qui permît de les exploiter sur une grande échelle.

Il ne faut pas des milliards pour coloniser, il ne faut que quelques millions pour mettre en exploitation les richesses coloniales. Avec un petit morceau de ce gros gâteau de finances françaises qu'ont dévoré les puissances étrangères, nous aurions de riches colonies : puissants à l'extérieur, il nous eût fallu une grande marine pour desservir la France et ses colonies ; nous aurions pu défier les étrangers et, avec plus de facilité peut-être qu'aujourd'hui, donner satisfaction aux libres-échangistes ; car nous saurions où consommer nos produits ; nous aurions un écoulement sûr pour nos produits manufacturés et une source certaine de matières premières dans la production coloniale.

Mais est-ce à dire pour cela qu'il faille absolument créer des Sociétés financières? Non! je ne me ferai jamais le propagateur de ces sortes de Sociétés, qui n'ont de vie que dans la spéculation.

Ce que je demande, ce dont je voudrais doter les colonies, ce sont des Sociétés coopératives, c'est-à-dire des groupes d'hommes nombreux dont la majeure partie seraient mariés, qui se réuniraient en Compagnies bien constituées, offrant une existence durable afin de pouvoir emprunter un capital remboursable à temps et pour lequel on faciliterait l'émission d'actions à intérêts et cotées à la Bourse.

Une Compagnie ainsi formée n'aurait pas de limites pour le nombre de ses membres; elle serait toujours ouverte aux travailleurs qui, en entrant, s'engageraient à travailler exclusivement dans la Société un temps minimum, pendant lequel ils auraient une vie sûre et pourraient réaliser un petit ou un grand avoir, suivant le développement de la Société; alors, à un moment donné, ils se détacheraient de la Société avec une position d'avenir certaine.

La Société se pourvoirait elle-même de tout, serait agricole, commerciale et maritime, afin de ne rien devoir à personne, de transporter ses colons et ses marchandises et réaliserait pour elle tous les bénéfices de ces différentes branches. Elle livrerait la matière première et achèterait directement en fabrique.

Aperçu de quelques articles d'une Société de Colonisation pour la Guyane.

Quelques points de son organisation.

« La Société aura une Direction générale à Paris et un Conseil d'administration dans la colonie.

» Elle aura une ligne maritime entre la Guyane et le Havre chargée du transport de ses colons et de ses marchandises ; elle soumissionnera pour le transport par mer des charbons et matériels du gouvernement. Quand elle manquera d'aliment, elle enverra ses navires aux Antilles pour les utiliser. Une petite marine locale desservira les fleuves avec le port des arrivages.

» Elle aura à Cayenne un entrepôt général, pour ses marchandises à l'entrée et à la sortie, qui sera en même temps maison de commerce et magasins généraux pour la fourniture de ses colons. La maison de commerce travaillera à s'étendre dans l'intérieur du continent, en suivant les voies navigables.

» La Société demandera une concession pour l'élevage des bestiaux; en attendant que son troupeau se forme, elle aura un comptoir sur l'Orénoque, pour l'achat et la conservation des viandes qu'elle écoulera à la Martinique, à la Guadeloupe et aux autres petites Antilles s'il y a lieu. Ces viande seront conservées par le nouveau système de M. Michely, de Paris, procédé peu coûteux.

» La Société demandera une concession de forêts; elle exploitera les bois de construction qui ont un emploi sûr aux Antilles; les bois de prix, les essences, gommes, etc., seront envoyés au Havre pour y être vendus.

» A mesure que le défrichement aura lieu, la Société fera cultiver la ramie et les autres produits les plus faciles par ses colons, qui s'érigeront en propriétaires-fermiers de fermes dont ils auront droit immuable de devenir, de préférence à tout autre, acquéreurs quand ils auront un avoir suffisant et seront libres à l'égard de la Société.

» La Société accepte tout homme ou famille justifiant près du directeur des aptitudes à être utile et occuper un emploi dans la

Société. La liste des membres adhérents est toujours ouverte tant que la Société durera. Pour justifier le titre de membre coopératif et l'avoir, chacun des membres laisse en compte-courant le tiers de son salaire de chaque mois. Ce salaire est d'abord fixé à son entrée dans la Compagnie et subit les modifications de la place qu'il occupe ou qu'il peut occuper ultérieurement. La Société ayant un magasin général pour la fourniture de ses membres, chacun prend son nécessaire, vivres, habillements, mobiliers, etc., jusqu'à concurrence des deux tiers de sa solde, afin de n'avoir jamais de découvert. Il est fixé à la limite extrême des deux tiers, mais il peut prendre moins et recevoir le complément en espèces.

» Les membres adhérents sont dits membres actifs quand ils sont salariés par la Société à quelque titre que ce soit. Le tiers du salaire que laisse chacun de ses membres, chaque mois, forme la caisse d'amortissement du capital et sert à payer les intérêts à 6 0/0 l'an et à rembourser un certain nombre d'actions chaque année. Les actions sont émises à 400 fr. pour 4 millions, dont deux versables à la première année, par semestre, et les deux autres millions en fonds de reserve et d'extension à la demande de la direction ; les actions sont extraites chaque année à la roue et remboursables à 800 fr. Toutefois, la Société est libre, d'après sa caisse de réserve, de fixer chaque année le nombre des actions à extraire de la roue, en garantissant la rentrée des actions forcément après quinze années écoulées de leur émission.

» En cas d'urgence ou d'extension par un besoin d'augmentation de la caisse de réserve, la Société peut émettre, après une réunion et délibération d'assemblée générale, un nombre d'actions limité, soit en remplacement des numéros déjà sortis à la roue, soit en une seconde émission portant une date fixe et nouvellement limitée à quinze années de sorties.

» Il est indispensable que la Société se réserve le droit de nouvelles émissions, car la liste de ses membres étant toujours ouverte, il lui faut un moyen de se pourvoir en caisse afin de ne pas arrêter son extension.

» La Société contient trois sortes de membres à diverses qualités :

» 1º Membres adhérents honoraires, ayant souscrit à la formation de la Société pour un nombre d'actions limité. Ils jouissent du partage de la plus-value de la Société, comme membres actifs, en récompense de leur premier concours. Ils peuvent faire partie des Conseils à titre honoraire ayant droit aux cachets de présence.

» Les adhérents membres actifs travaillant à la solde de la Société, obligés à un séjour de cinq ans dans la Société, ont un solde créditeur de versements mensuels

» 3° Les adhérents actionnaires simples n'ont qu'un droit comme actionnaires, s'ils sont industriels, fabricants, fondeurs, mécaniciens, etc., c'est de fournir les marchandises dont la direction a besoin, de préférence à toute autre personne non actionnaire. Sur deux actionnaires, le plus fort a la préférence. »

On voit par cet exposé succinct de quelques passages des statuts, que la Société de colonisation qui aurait une telle organisation ne peut être une Société financière, mais bien une Société coopérative de travail.

Chacun apporte son contingent, et le moindre actionnaire y trouve son bénéfice. Si le membre actif est propriétaire des dividendes de la Société, le simple actionnaire, lui, peut écouler ses produits manufacturés.

Un drapier, tisserand, corroyeur, quincaillier, papetier, épicier, forgeron, chapellier, cordonnier, fondeur, usinier, etc., etc., qui serait désireux de fournir aux achats de la Compagnie, serait tenu d'être actionnaire de la Société pour un certain nombre d'actions qui ne serait pas limité, en ce sens que, le chiffre n'étant pas fixé, celui qui, à prix égal, aurait le plus d'actions serait le fournisseur, jusqu'à ce qu'un autre fournisseur justifiât d'un nombre plus considérable.

Il va de soi que les fournisseurs devront fabriquer, être manufacturiers eux-mêmes, afin que la Société ait tout de première main, à moins qu'un grand négociant actionnaire trouve, par des combinaisons, à fournir au prix concurrentiel.

Qu'auraient à craindre les actionnaires d'une telle Société ? Rien, car les membres actifs qui y placeraient leurs capitaux, nomment leur délégué à l'administration, ont part à la direction ; les membres adhérents honoraires pouvant faire partie des Conseils ont le même droit, et enfin les actionnaires étant fournisseurs de la Compagnie peuvent trouver, outre les bénéfices de l'action, un gain dans l'écoulement de leurs produits.

De semblables Sociétés pourraient facilement être subventionnées ou primées par l'Etat en une garantie d'intérêt.

Car, par l'organisation, les dilapidations du capital sont impossibles, et les fonds de la Société étant directement transformés en travail, il en reste toujours assez, tant en matériel qu'en immeubles, pour garantir la somme et au delà.

Dès le début, la Société, jetant un nombre de colons sur un terrain sans valeur, formant un village à chaque endroit, offrant toutes les facilités à la colonisation, il reste toujours assez de personnes pour en faire de suite un centre où le terrain prend immédiatement de la valeur.

Aussitôt se groupent les éléments d'une colonie : une mairie, une église, un corps de garde et tous les colons éparpillés, isolés, qui aiment en général à être près des lieux habités.

La réussite est donc dans le début et le bon emploi des premiers capitaux, qui peuvent en peu d'années quintupler ; car une colonie bien établie peut attirer des colons à petits capitaux ; alors la Société peut louer les terres apprêtées pour la culture, soit par le défrichage des forêts, soit par l'irrigation.

C'est là le plan que je n'ai pu développer à la section de Géographie. Je suis persuadé que l'honorable sénateur d'Oran, M. Pomel, se convaincra, par la lecture de cet aperçu, que je n'ai point eu en vue des Sociétés financières et que mon plan est praticable. Aussi je compte sur lui, pour aider, en sa qualité de sénateur colonial, à la réussite de ces idées qui sont toutes patriotiques.

En faisant l'essai d'une Compagnie, si chacun, patriotes, colons et gouvernements, y met du sien, on saura définitivement ce que l'on peut et ce que l'on doit attendre de nos colonies.

Il ne suffit pas de parler et de développer des théories à perte de vue, comme c'est généralement l'habitude en France ; il faut pratiquer.

J'ai vu, dans mes nombreux voyages, des masses de colons français établis dans des pays souvent malsains et plus désagréables que nos colonies. Ils me disaient : « Nous venons ici parce que nous ne savons comment faire pour aller dans les pays français. Des agents viennent dans nos campagnes nous parler d'aller aux colonies ; mais on ne nous invite jamais à aller dans une colonie française. Les colonies qu'on nous nomme nous sont inconnues, et si on nous parlait d'autres colonies, cela nous serait égal et peut-être préférable d'être dans un pays français. »

Ainsi les 30,000 colons français qui vont chaque année porter à l'étranger leur courage et leur travail ne vont pas dans des colonies françaises, parce qu'on ne leur parle pas de ces pays et qu'ils ne sont pas conviés à y aller; ceci exprime le besoin forcé de Sociétés qui, quand elles n'auraient que le but de peupler nos colonies, feraient œuvre utile et patriotique en groupant les Français.

Nous avons la Guyane et la Nouvelle-Calédonie dont on doit s'occuper au point de vue du peuplement ; mais comme ces pays sont neufs et qu'il n'y a pas encore de fortunes, il faut, au moyen de Sociétés de colonisation coopératives, porter en même temps et les colons et le capital, et avant longtemps, le pays rendra ce qu'on lui aura prêté.

Cet appel sera, je n'en doute pas, entendu des Français, et j'espère qu'avant peu nous sortirons de notre inertie.

Pour la Guyane, les capitaux qui pourraient s'y intéresser sont garantis par la richesse aurifère du pays, qui édifie chaque jour des fortunes de plusieurs millions. Les hommes seuls manquent, parce qu'il n'y a personne pour engager les colons à s'y rendre, et la politique absorbe tellement les journaux, que les trouvailles aurifères de la Guyane passent inaperçues.

CHAPITRE III

Ministère des Colonies.

Quelques personnes, qui voient le désagrément de la situation actuelle, demandent tout simplement une direction générale des colonies ; mais cela ne saurait suffire ; les mêmes lois, la même apathie existera toujours et l'on ne me dira que des hommes qui travailleront dans un ministère, qui ne respire que la discipline et l'organisation militaire, pourront jamais se considérer comme des civils et travailler comme tels.

A la direction, il n'y aura jamais qu'un Directeur, c'est-à-dire un homme dont la bonne influence peut-être contre-balancée par le ministère, et si cet homme n'a pas le feu sacré de sa mission, il peut se retrancher derrière le ministre, et comme le ministre a beaucoup à faire en s'occupant de nos arsenaux et de la marine militaire, nous risquons de reculer à tout jamais l'organisation de nos colonies.

C'est un tort de réclamer toujours la centralisation à outrance. Quand on centralise trop, on arrive à ne plus trouver de chefs qui s'intéressent d'une façon particulière à chacune des branches de son administration, et s'ils s'intéressaient à toutes, ils seraient obligés, pour l'étude, de se fier à des subordonnés, lesquels n'ont pas toujours les mêmes vues ni les mêmes intérêts que le chef supérieur.

L'esprit humain n'est pas si vaste qu'il puisse embrasser plusieurs branches d'administration à la fois, et l'on ne fait réellement bien que ce que l'on fait en spécialité. Une intelligence qui veut trop embrasser s'énerve et applique mal ; car pour étudier avec fruit, il faut s'attacher à un seul sujet d'étude. Si on le quitte pour en étudier un autre, on est amené à des quiproquos qui font appliquer à l'un ce qui ne conviendrait qu'au second.

Dans la centralisation excessive, le chef n'a qu'un veto à donner. Obligé de s'en rapporter à ses subordonnés, il n'exécute pas ses propres volontés, et comme en colonisation il faut aujourd'hui une seule volonté, énergique, qui s'intéresse aux questions coloniales qui ont besoin d'être étudiées seules pour avoir du succès, les confondre avec d'autres c'est entraver le progrès de ce côté.

Les colonies n'ont de commun avec la métropole que le langage ; car les lois ne sauraient être semblables où les goûts, les mœurs et les usages ne sont plus les mêmes.

La population diffère le plus souvent, et le Français même, une fois aux colonies, change de caractère et de vie, se trouvant en présence d'une existence tout à fait opposée.

Chacune même des colonies forme un tout à part, parce qu'elles sont placées sous des latitudes différentes et à proximité d'autres peuples qui influent sur leurs mœurs.

On comprend facilement qu'en présence d'éléments si disparates, un sujet si abstrait, ne saurait être allié à d'autres qui forcément le feraient reléguer au second rang, tandis que c'est lui qui, au contraire, doit tenir la tête.

Si nos colonies avaient des administrations autonomes avec des éléments civils, il serait facile de les rattacher à un ministère spécial en créant un bureau pour chaque colonie, qui serait plus ou moins développé, selon l'importance de la colonie. Il serait difficile ainsi de ne pas intéresser le chef du bureau à sa colonie, et puis on pourrait le choisir partout où on serait susceptible de trouver l'homme vraiment apte, utile.

On instituerait le ministère de telle sorte que le corps des commissaires coloniaux tiendrait toujours du ministère de la marine, pour la partie maritime, et du ministère des colonies, pour la partie locale. Les commissaires du cadre colonial seraient partagés en deux catégories, celle qui serait attachée toujours aux colonies et aurait accès aux places du ministère des colonies, et celle qui serait attachée à la marine et aurait droit aux places des ports de mer en France et à l'embarquement sur le navire de l'Etat.

On créerait un bureau spécial de renseignements où chacun viendrait puiser les renseignements, s'instruire sur les colonies et sur celle qui offre des ressources à ses aptitudes.

Ce ministère serait tout à fait civil ; on y formerait un conseil colonial qui comprendrait tous les députés et sénateurs coloniaux sous la présidence du ministre; les intérêts seraient débattus par des hommes compétents et *de là sortiraient les propositions pour les colonies* que la Chambre des Députés pourrait approuver sans crainte, car la question aurait été élaborée par des hommes compétents. Le conseil colonial est une chose indispensable, car en présence des intérêts métropolitains, il est difficile à la Chambre d'étudier une question à laquelle nos députés sont étrangers; il s'ensuit un abandon complet des colonies.

CHAPITRE IV

L'honorable M. Levasseur, membre de l'Institut, dit que je suis dans l'erreur en disant : Pas de nation sans marine, et il cite la Suisse.

Je répondrai à l'honorable président que la Suisse n'est point une nation en ce sens qu'elle ne fait point partie du congrès européen; c'est un pays neutre qui a sa raison d'être dans le centre de l'Europe, où, comme terrain neutre, chacun sent la nécessité de le conserver; mais son poids dans l'équilibre européen est nul, et le besoin que chacun a de sa neutralité fait sa vie; autrement, la

Suisse eût été déjà absorbée. Et quand même l'on voudrait l'absorber, ce ne serait certes jamais un beau fleuron, précisément parce que ce pays n'a pas de port de mer et ne peut avoir un commerce développé.

Cette comparaison est réfutable et j'oppose l'Allemagne qui sent la nécessité de se constituer une marine et fait tous ses efforts pour cela. La privation de port est aussi un ennui dont elle s'aperçoit bien, et sans aucun doute, avant longtemps, sa marine militaire prendra rang comme sa marine marchande.

Les Allemands se sont bien vite aperçu où le bât les blessait, et ils ne sont plus sous la volonté de personne pour les transports par mer. Grâce à leur marine marchande qui se développe chaque jour, ils tiendront leur rang sûrement s'ils arrivent à se créer des colonies sérieuses.

L'honorable président a dit : « Vous dites pas de marine sans colonies, » et il cite l'Allemagne.

Je répondrai ici que c'est une grave erreur de croire que l'Allemagne n'a pas de colonies. Elle n'en a pas les charges, mais elle en a les bénéfices, et voici comment. Voyez l'Amérique, ce que l'on appelle le Nouveau-Monde de Christoph-Colomb ; eh bien ! du Nord au Sud, toutes les villes et les ports de mer contiennent des Allemands en nombre respectable ; le plus souvent ils ont, au préjudice des Français et des Anglais, les premières maisons de commerce de la place, et, très patriotes au fond, ils chargent sur leurs navires de préférence. C'est à cette suprématie des Allemands que nous devons la décadence de notre marine marchande et pas à autre chose. Si on n'y prend garde, ils se feront les rouliers par mer des marchandises françaises.

Quand il y en a pour deux, il y en a pour trois, dit-on vulgairement. Oui, quand le troisième arrivant n'a qu'un modeste appétit ; mais si c'est un ogre, il mange tout et les premiers restent penauds.

Tel sera le cas si la France ne relève pas patriotiquement sa marine et ses colonies ; l'Allemagne prendra la place que nous avons occupée maritimement et, avant longtemps, elle trouvera bien moyen d'avoir des colonies à elle, et, tout en faisant prospérer les siennes, elle mangera dans le ratelier du voisin, parce que les Allemands sentent le besoin de travailler et que nous, la langue nous démange ; nous ne faisons plus aujourd'hui que de la théorie, et quand un homme pratique ouvre la bouche, il suscite de tels cris, qu'il se tait et ne reparaît plus sur la scène.

Un peu plus de pratique et moins de théorie ; voyez toutes les maisons de commerce étrangères qui se développent sur nos places ; elles ont déjà presque la suprématie chez nous-mêmes. Pourquoi ? Parce qu'elles trouvent des capitaux, tandis que les Français fuient le commerce pour placer leur argent dans des actions douteuses, mais qui prétend à la spéculation.

Havre. — Imp. J. BRENIER et Ce, rue Beauverger, 2.

www.ingramcontent.com/pod-product-compliance
Lightning Source LLC
LaVergne TN
LVHW021718080426
835510LV00010B/1022